Début d'une série de documents
en couleur

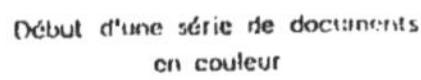

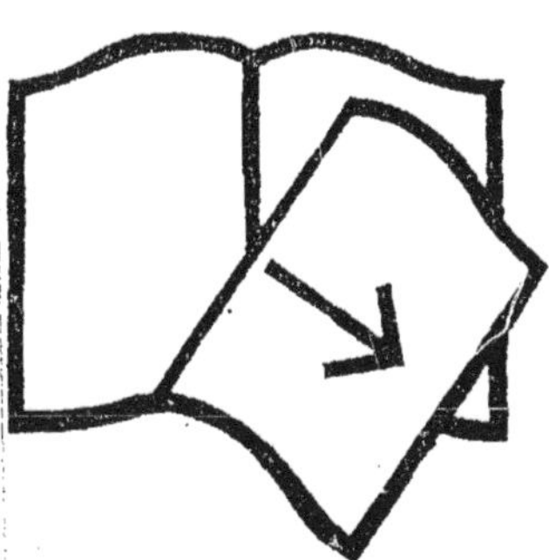

Couverture inférieure manquante

RICHELIEU

ET

L'ALLEMAGNE

(1624-1630)

PAR G. FAGNIEZ.

Extrait de la *Revue historique*,

Janvier-Février 1891.

(*Les tirages à part ne peuvent être mis en vente.*)

PARIS

1891

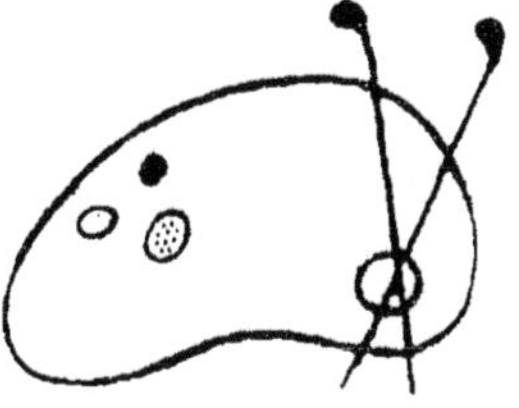

Fin d'une série de documents
en couleur

RICHELIEU

ET

L'ALLEMAGNE

(1624-1630)

PAR G. FAGNIEZ.

Extrait de la *Revue historique*,

Janvier-Février 1891.

RICHELIEU ET L'ALLEMAGNE

(1624-1630).

L'idéal politique que chacun rêve pour son temps domine l'image qu'on se fait des hommes et des événements du passé. Richelieu est un exemple de cet empire des passions contemporaines dans le domaine de l'histoire. Voulez-vous savoir si son influence a été bienfaisante ou funeste pour notre pays? Vous aurez, sans en sortir, une réponse différente suivant l'école historique, c'est-à-dire en réalité suivant l'opinion politique à laquelle vous vous adresserez. Ceux qui, dans les huit siècles de la monarchie capétienne, voient surtout la préparation de la Révolution vous parleront de lui avec une sympathie à peine contenue par les réserves indispensables à l'égard d'un prêtre et d'un serviteur de la royauté; il est pour eux le précurseur inconscient, mais providentiel, du régime nouveau où la France *a trouvé pour toujours, à leurs yeux, le repos et la dignité*. Il en est d'autres qui regrettent que la Révolution soit devenue inévitable et que ce regret rend sévères pour la monarchie de l'ancien régime; ils lui reprochent d'avoir cédé à l'entraînement de sa force et de sa popularité, d'avoir confondu la centralisation avec l'unité, de n'avoir pas distingué dans les institutions qu'elle frappait l'élément caduc et l'élément d'avenir, d'avoir eu sur la séparation des pouvoirs des idées fort rudimentaires et fort éloignées de celles qui sont enseignées dans les chaires de droit public. Ceux-là vous dénonceront en Richelieu le niveleur imprévoyant qui, en supprimant des organes nécessaires à l'équilibre et à la santé du corps social, a préparé la paralysie et la mort. En dehors d'un ultramontanisme étroit, sa politique extérieure, au contraire, ne compte en France que des partisans, et c'est à l'étranger, c'est dans le pays dont elle a pendant longtemps entravé l'essor qu'il faudrait aller pour lui trouver des adversaires. On a généralement reconnu en elle ce caractère de raison et de vigueur qui frappe dans toutes les œuvres du même temps; entre la conception encore confuse de François Ier et l'application un peu excessive de Louis XIV, on y a vu, plus encore que dans celle de Henri IV, le moment le plus achevé, l'expression classique d'un système dont la France s'est contentée pendant longtemps et qui avait fait sa grandeur. Elle est toutefois plus admirée encore que connue. Il y a surtout en elle une tendance qu'on n'a pas suffisamment mise en lumière faute d'avoir tenu compte des débuts de Richelieu, de ses idées et de son rôle avant son avènement au pouvoir, de ce qu'il faut bien appeler sa psychologie, faute aussi d'avoir pu déterminer l'influence d'un homme que la tradition a indissolublement uni à lui; on devine que c'est du Père Joseph que nous voulons parler. Nous ne croyons pas exagérer en disant que, par suite de l'oubli de ces deux points de vue, l'esprit de cette politique s'est trouvé notablement méconnu et faussé. L'idée générale qu'on se fait de Richelieu s'en est aussi ressentie. Cette idée, c'est, malgré certaines réserves et certaines intuitions de la critique historique, celle d'un prince de l'Église assez profane, d'un homme d'État voyant dans le pouvoir les droits qu'il confère beaucoup plus que les devoirs qu'il impose, croyant moins aux forces morales qu'à la force sans épithète, n'envisageant dans le conflit qui bouleverse l'Europe que l'occasion de tenir en échec la maison d'Autriche et de jeter les fondements de la prépondérance française, poursuivant, avec une complète indifférence pour les victimes qu'elle fait, une politique sans entrailles et sans idéal. S'il n'y avait dans ce portrait que l'exagération inséparable du travail de simplification que la postérité fait subir à toute figure historique, on pourrait, en réduisant ce grossissement, arriver à une image conforme à la vérité, mais il y a bien autre chose : il y a un véritable contresens psychologique. Ne pas voir ce qu'il y a d'élévation morale, d'intelligence de tous les besoins sociaux, de souci du bien-être général, de préoccupation dominante pour les intérêts supérieurs de l'humanité, d'idéalisme chrétien dans le gouvernement et la politique de Richelieu, c'est en méconnaître le caractère fondamental. Nous n'avons pas ici à rechercher dans son gouvernement et dans ses écrits les traces de la conception élevée, religieuse, presque mystique qu'il se faisait du pouvoir; nous voulons seulement montrer la place importante que les considérations religieuses tenaient dans sa politique étrangère. Quand on verra que, de 1624 à 1630, de son installation au ministère à la diète de Ratisbonne, de pareilles considérations ont décidé de l'orientation de cette politique, on reconnaîtra que la réputation d'indifférence ou tout au moins de tiédeur que notre temps lui a faite à cet égard est tout à fait imméritée.

Moitié par nécessité, moitié par goût, les ministres qui s'étaient succédé depuis la mort de Henri IV jusqu'à l'entrée de Richelieu aux affaires avaient fait de l'entente cordiale avec l'Espagne le principe de leur gouvernement, et ils avaient cherché à se persuader que cette entente cordiale ne coûtait pas trop cher à la France. Mais, au moment de l'arrivée du cardinal au pouvoir, cette illusion était devenue bien difficile, pour ne pas dire impossible. On n'a pas assez rendu justice à l'Espagne de Philippe IV; la persévérance dans les desseins, la fidélité à de glorieuses traditions y dissimulaient noblement la décadence intime et secrète et imposaient à ses adversaires, mieux éclairés et plus justes que la postérité[1], l'admiration et l'envie. La pensée de ses hommes d'État était constamment fixée sur les moyens de soutenir et de relier les membres excentriques de la monarchie, ce que l'insurrection lui avait laissé de l'opulent héritage de la maison de Bourgogne, ce que la fortune des armes lui avait donné en Italie. Pour établir des communications entre ces possessions isolées et les rattacher aux possessions patrimoniales des Habsbourgs autrichiens, pour poursuivre avec plus de chances de succès la lutte contre les Provinces-Unies, pour tenir la France en respect et faire régner son influence à Paris, elle avait besoin de dominer dans les vallées des Alpes et du Rhin. Si l'on recherche ce qui lui restait à faire en 1624 pour atteindre ce but, on voit qu'elle en était singulièrement rapprochée. Les forts de la Valteline étaient dans les mains du pape qui les gardait pour le roi catholique. Les troupes de ce dernier étaient échelonnées le long du Rhin depuis Strasbourg jusqu'à Rees[2]. Spinola avait repris contre Maurice de Nassau une offensive victorieuse.

1. Lepré-Balain, *Biographie inédite du P. Joseph;* Rusdorf, *Consilia et negotia politica; Mémoires de Fontenay-Mareuil; Succincte narration des grandes actions du roi.*

2. Boetzelaer aux États généraux, 28 février 1623. Arch. royales de la Haye. Cespedes y Meneses, *Historia de Felipe IV;* Nicolas Rigault, *Apologeticus pro Rege Christ. Ludovico*, 1626.

Comment et sur quel point Richelieu allait-il essayer de rompre la ligne de positions militaires que l'Espagne était en train d'établir des Alpes rhétiques au bas Rhin, et qui menaçait la France plus encore que l'Italie, la Suisse et la Hollande? L'entreprise, difficile en elle-même, était rendue plus difficile encore par la situation intérieure. D'abord le cardinal n'avait pas d'argent, ne disposant pas encore des dix millions que la composition avec les financiers devait lui procurer[1]. Et puis le pays n'était pas dans sa main; pour affronter un adversaire aussi redoutable, Richelieu ne se sentait pas soutenu par cet assentiment général dont les gouvernements absolus n'ont pas moins besoin que les gouvernements libres. L'opinion était profondément divisée. La pacification morale entreprise par Henri IV n'avait pu avoir entièrement raison des passions et des partis qui s'étaient formés et développés au sein des guerres civiles, ces passions et ces partis s'étaient livré bataille sous la régence de Marie de Médicis, ils se retrouvaient en présence à l'avènement de Richelieu. Politiques et catholiques zélés, abusés par l'attitude équivoque qu'il avait gardée jusque-là, se flattaient également qu'il allait servir leurs idées. Ils ne devaient pas tarder à être détrompés. A la crainte des critiques et des embarras que cette déception lui réservait s'ajoutait chez le cardinal l'inquiétude inspirée par les dispositions des huguenots et des grands.

Ces considérations eurent leur part dans les résolutions qu'il adopta et qu'il fit adopter au roi. Des divers points où les intérêts français étaient mis en péril, Flandre, Allemagne, région alpestre, il choisit le dernier pour y porter l'effort de nos armes, et, en étendant à l'Italie les opérations militaires, il n'eut d'autre but que de faciliter par une diversion le succès de la campagne de Valteline. Il espérait d'ailleurs que cette intervention armée en faveur des Grisons et du duc de Savoie n'aboutirait pas à une rupture ouverte avec l'Espagne. Quant à l'Allemagne, il se bornerait à fournir des subsides à Mansfeld et au roi de Danemark; il négocierait une transaction au sujet du Palatinat entre le duc de Bavière et l'Angleterre, et, en la faisant espérer au premier comme en lui faisant craindre la mobilisation de l'armée de Champagne, il réussirait peut-être à l'empêcher de faire cause commune avec les Espagnols[2]. Ce programme ne s'applique

1. Richelieu au P. Joseph, 25 mai 1625. Avenel, II, 86.
2. *Mémoires de Richelieu*, I, 321-323.

qu'aux circonstances auxquelles il avait pour le moment à faire face. Dans un mémoire écrit pour lui, le Père Joseph, au contraire, se plaçait à un point de vue plus général. Le cardinal s'était empressé de lui annoncer son élévation et de l'appeler auprès de lui. Une fois de plus, mais cette fois en vue d'une application prochaine, ils étaient revenus sur les projets dont ils s'étaient souvent entretenus, notamment lorsque Richelieu vivait retiré dans ses prieurés des Roches et de Coussay[1]. Le Père Joseph apportait dans l'examen des questions de politique extérieure un avantage qui manquait à son interlocuteur : la connaissance de l'Europe, qu'il devait à ses séjours à l'étranger, aux relations dont ces séjours avaient été l'origine, aux renseignements que lui fournissaient ses frères en religion, voyageurs comme lui et admis dans toutes les classes de la société européenne. Au début d'un gouvernement dont il devenait le conseiller occulte, le Père Joseph crut nécessaire de fixer par écrit le système qui, d'après lui, devait le diriger. Son but idéal, c'était toujours la pacification de la Chrétienté, l'union des nations chrétiennes contre les Infidèles. C'était à la France qu'il appartenait d'imposer cette pacification, de présider cette union; au fond de son cosmopolitisme catholique, il y avait donc un sentiment national très ardent. La réconciliation des peuples chrétiens avait deux adversaires : les protestants et la maison d'Autriche, qui contribuaient également à diviser et à paralyser l'Europe en face de la barbarie musulmane. Il fallait les affaiblir tous les deux, et l'un par l'autre, d'abord par la négociation, qui donnerait à la France le rôle de médiatrice, pour l'amener ensuite à celui d'arbitre, puis par les armes. L'idée des frontières naturelles, de la reconstitution de l'ancienne Gaule est, on le voit, absente de ce projet. Faut-il croire le biographe, si peu pénétrant, mais si bien informé du Père Joseph, quand il nous dit qu'il a été adopté par Richelieu? Peut-on admettre que Richelieu ait renoncé à saisir les occasions d'agrandissement que la guerre devait lui offrir, qu'il ait songé, en opposant les protestants à la maison d'Autriche, à les affaiblir? En d'autres termes, sa politique, à son début, a-t-elle été étrangère à toute pensée d'ambition, a-t-elle été accessible à des considérations religieuses? Telle est la question dont l'exposé de cette politique va nous fournir l'éclaircissement.

1. Lepré-Balain, *Supplément à l'histoire*. *Mémoires de Fontenay-Mareuil*.

Les premiers actes du cardinal semblèrent annoncer qu'il avait fait son choix entre les deux courants qui se partageaient les esprits. Suivant le mot de l'ambassadeur vénitien, qui avait craint d'abord de le voir rompre avec la politique de La Vieuville, il se révélait comme un homme d'État plutôt que comme un homme d'Église[1]. Le traité d'alliance avec les Provinces-Unies était renouvelé. Une armée française, opérant en plein hiver, forçait les garnisons pontificales à évacuer les places de la Valteline. L'union de la sœur du roi et du prince de Galles était conclue et elle semblait inséparable d'une entente et d'une action commune en vue du rétablissement du Palatin, c'est-à-dire au profit d'une cause qui servait de ralliement et de drapeau à tous les protestants de l'Europe. Cette conséquence ne paraissait pas effrayer Richelieu. Mansfeld, qui rassemble une armée destinée à entrer dans le Palatinat ou en Alsace, n'a pas de plus ferme appui que la France. C'est elle qui lui fait appel alors qu'il attend à la Haye l'occasion de rentrer dans son aventureuse carrière. Le condottiere songeait à se faire le chef d'une coalition unissant le duc de Savoie et la sérénissime république à l'Angleterre et aux Provinces-Unies. Ce rôle, trop supérieur à ses moyens, se réduisit à une entreprise pour débloquer Bréda, assiégée par Spinola. Si Richelieu se refusa à le laisser débarquer en France avec l'armée qu'il avait recrutée en Angleterre et à faire de notre pays le point de départ de ses opérations, ce qui revenait à s'associer ouvertement à une agression contre la maison d'Autriche, s'il se borna à lui fournir un corps de cavalerie de 2,000 hommes, il lui servit avec exactitude et libéralité les subsides destinés à empêcher la désorganisation de son armée, il le soutint contre la méfiance et la lassitude des Hollandais et du Palatin et il ne tint pas à lui qu'il ne sauvât Bréda[2].

Il avait renoncé toutefois à confier à de pareilles mains la direction militaire de la coalition contre la maison d'Autriche; il lui cherchait un chef plus sérieux et dans cette recherche il se rencontrait avec l'Angleterre. L'espoir attaché par le parti protestant à l'alliance matrimoniale des Bourbons et des Stuarts semblait donc en voie de se réaliser.

1. Pesaro au doge, Choisy-au-Bac, 6 juin 1624. (Bibl. nat., Fonds italien.)
2. Villermont, *Ernest de Mansfeld;* Gardiner, *England under the duke of Buckingham and Charles I;* Richelieu au comte de Villars. Avenel, II, 58.

C'était auprès des cours scandinaves et des princes de l'Allemagne du Nord que la diplomatie française et la diplomatie anglaise se prêtaient un mutuel appui. Au mois de novembre 1624, Des Hayes de Cormenin était envoyé en Danemark et en Suède afin de conjurer une guerre jugée imminente entre ces deux puissances et de les faire entrer dans une ligue dont Venise et le duc de Savoie feraient également partie[1]. Le terrain lui avait été préparé par les agents de l'Angleterre, Robert Anstruther et Jacob Spens. Tous trois poussèrent Christian IV à la guerre, ses intérêts les plus chers l'y poussaient aussi. L'armée de la ligue catholique, répandue dans le cercle de basse Saxe, auquel il appartenait comme duc de Holstein, y menaçait les détenteurs protestants de biens ecclésiastiques d'une dépossession, la population d'une conversion forcée. Ces évêchés et ces bénéfices sécularisés, qui servaient à constituer des dotations aux cadets de familles princières, étaient considérés par Christian comme les éléments d'une confédération qui serait placée sous son protectorat et dont il avait jeté le fondement en faisant pourvoir ses fils des évêchés de Schwerin, de Verden, d'Halberstadt et de l'archevêché de Brême[2]. Il entrevoyait d'ailleurs le moment où les progrès des Impériaux et du catholicisme atteindraient la Baltique et la mer du Nord et y mettraient en péril la prépondérance danoise. S'il n'avait écouté que ses alarmes et son ambition, il n'aurait donc pas hésité à recourir aux armes, mais il n'osait compter ni sur l'appui du cercle, qui était désarmé et désuni, ni sur celui des puissances étrangères. Il fut entraîné toutefois par les instances de l'Angleterre et de l'électeur de Brandebourg, par celles, surtout, de la France, qui lui promit un subside annuel de 600,000 livres et une puissante diversion dans l'Allemagne occidentale. Il accepta la charge de colonel des forces du cercle, obtint d'une assemblée réunie à Lauenbourg une forte contribution de guerre et, à la fin de mai 1625, rassembla ses troupes à Itzehoe. Gustave-Adolphe, au contraire, qui avait reçu les mêmes sollicitations, garda la neutralité; moins directement menacé que le souverain danois, ne comprenant la

1. Louis XIII à Gustave-Adolphe, Saint-Germain, 31 octobre 1624, dans Moser, *Patriotisches Archiv;* Oxenstierna à Camerarius, 23 janvier 1625. *Ibid.* Instruction à Des Hayes allant en Danemark et en Suède, 12 septembre 1624. Avenel, VII, 940.

2. Opel, *Der dänische-sächsische Krieg*, 105-114.

guerre que si on lui donnait une étendue en rapport avec l'importance de l'adversaire, ne voulant la conduire qu'en prenant toutes ses sûretés, il avait fait des conditions qui ne furent pas acceptées. Au lieu d'agir de concert, comme on le lui demandait, avec un rival toujours à la veille de devenir un ennemi, il se réserva, comme s'il pressentait qu'il était destiné à réparer l'échec de celui-ci et à le remplacer en qualité de champion de la cause protestante et de l'indépendance des mers scandinaves.

En faisant espérer au roi de Danemark une intervention armée en Allemagne, Richelieu était-il sincère? On serait tenté de le croire quand on songe aux rassemblements considérables de troupes formés dans les provinces frontières[1]. D'ailleurs ses idées et ce qu'on pourrait appeler son tempérament politique ne répugnaient pas, bien au contraire, à une pareille intervention. Il avait été nourri de la tradition nationale, qui considérait que la destinée de la France était de s'étendre jusqu'aux frontières de la Gaule[2], et l'âme de soldat, qui devait lui faire endosser plus d'une fois la cuirasse sur la soutane du prêtre, dut être tentée de forcer les Espagnols à évacuer le Palatinat, de leur arracher quelque place forte. Mais, si la pensée d'envahir le bas Palatinat ou l'Alsace et de garder un lambeau de terre germanique s'est présentée à son esprit, il en a bien vite ajourné la réalisation à des circonstances plus favorables, et les forces rassemblées en Picardie, en Champagne et dans les Trois-Évêchés n'eurent bientôt d'autre but que de couvrir la frontière, de prévenir un mouvement à l'intérieur, de donner de l'autorité à la diplomatie française[3]. Les dispositions des princes allemands, telles que nos agents Vaubecourt et Marescot les avaient constatées, n'étaient pas encourageantes; presque partout ils avaient trouvé la méfiance et le discrédit[4]. Les Français n'auraient probablement pas compté un seul allié en Allemagne; leur présence, au contraire, n'y aurait fait que resserrer les liens de la ligue catholique avec l'empereur et qu'opérer un rapprochement entre elle et l'Espagne. L'affaire de la Valteline, compliquée d'une guerre en Ita-

1. Déclaration de d'Espesses aux États généraux, 29 août 1524; Villermont, II, 227, 249; *Mém. de Richelieu*, I, 323, col. 2.

2. Voy. notamment les paroles si caractéristiques reproduites par Khevenhüller : « ... vann der König, etc., » dans les *Annales Ferdinandei*, X, 1303.

3. Avis de Richelieu au roi dans *Mémoires*, I, 321-323.

4. Gardiner, Opel, Avenel, VII, 939; *Mém. de Richelieu*, I, 324.

lie, pouvait prendre, par suite de l'intervention de l'empereur et de la ligue, les proportions d'un conflit général. Bientôt la prise d'armes des protestants allait rappeler au cardinal combien la paix intérieure était précaire et faire passer au premier rang de ses préoccupations l'abolition de leur anarchique autonomie.

Cette intervention armée, qu'il avait probablement promise de bonne foi, devait d'ailleurs avoir, dans sa pensée, un caractère très arrêté. Elle était destinée à éloigner de notre frontière des troupes ennemies qui pouvaient, à un moment donné, devenir les têtes de colonnes d'une invasion, elle était justifiée par un grand péril et un grand intérêt national, mais elle n'impliquait pas une solidarité véritable et sans réserve avec la coalition protestante. Assurément la nuance est délicate et paraîtra peut-être un peu subtile, car vraisemblablement les opérations des troupes françaises n'auraient pas eu lieu sans un concert militaire avec les confédérés protestants, et dès lors on ne voit pas ce qui leur aurait manqué pour constituer une alliance dans toute la force du terme. Mais il s'agit surtout de savoir comment Richelieu envisageait ses rapports avec ses alliés protestants et comment il voulait les envisager, car c'est l'esprit de sa politique que nous avons surtout entrepris de déterminer. A ce point de vue, il est important de remarquer qu'il a toujours refusé d'entrer dans la ligue protestante de la Haye, qu'il en a même repoussé la proposition avec une certaine indignation. Ce n'est pas seulement d'ailleurs en déclinant les alliances générales avec les puissances protestantes qu'il a voulu marquer combien il restait étranger à leurs passions et à leurs visées, c'est encore en se préoccupant du sort des sujets catholiques dans les pays avec lesquels il traitait, en stipulant leurs intérêts. Ce ministre, que l'on a fait passer pour subordonner ou même pour sacrifier la question religieuse à la question politique, a poussé, au contraire, le zèle pour la liberté de conscience de ses coreligionnaires jusqu'à compromettre ses relations avec ses alliés protestants. La triste issue du mariage anglo-français tint en partie à des illusions nées du zèle catholique. En réalité, il n'y eut entre la France et le parti évangélique que le lien qui résulte d'actions parallèles contre un ennemi commun[1]. Malgré la force réelle que nos subsides et l'espoir de

1. Sur l'esprit que Richelieu a apporté dans ses relations avec le parti protestant en Europe, on peut en croire les organes de ce parti, notamment Rus-

notre participation aux hostilités ont apportée à la coalition protestante, Richelieu s'est moins appliqué à grouper et à encourager les membres de cette coalition qu'à rompre le faisceau des États catholiques qui, en Allemagne et en Italie, s'unissaient autour de la maison d'Autriche et à les attirer sous le patronage et la direction de la France. La prédilection, la sympathie, ce fut dans ses relations avec le parti catholique germanique et avec son chef qu'il la mit; c'est là qu'il faut chercher le ressort principal de sa politique.

Bien des choses poussaient la France et la Bavière l'une vers l'autre : l'espoir, déjà visible sous Henri IV, de faire des Wittelsbachs les rivaux et les successeurs des Habsbourgs; les services rendus à la cause orthodoxe et à Maximilien par la médiation française entre l'union protestante et la ligue catholique et par l'appui donné à la translation de l'électorat au duc de Bavière; une hostilité commune contre l'Espagne, coupable, aux yeux de ce dernier, d'engager l'Allemagne dans ses querelles particulières et de détenir une partie du patrimoine du Palatin; le désir chez Maximilien de détacher notre pays de ses alliés protestants et de le faire entrer dans un tiers parti[1] destiné à affranchir les puissances catholiques de la domination de Vienne et de Madrid, sans abandonner l'œuvre de la contre-réformation. Le pape favorisait ce groupement nouveau des forces catholiques. Pour faire connaître et recommander ce dessein, le souverain pontife et l'électeur se servaient de capucins, diplomates zélés et secrets, avocats désignés d'un système où la religion n'était pas moins intéressée que l'indépendance européenne.

Au mois de septembre 1622, un capucin italien, un des plus distingués de ceux que la politique tira du cloître, le Père Valeriano Magni[2], avait été envoyé en France par le duc de Bavière. Il venait négocier une alliance entre la ligue catholique et notre pays, obtenir notre adhésion à la translation de la dignité électorale au profit de son maître, peut-être notre appui pour l'ac-

dorf qui se plaint amèrement que la nécessité seule et non la sympathie ait formé et entretenu ces relations.

1. *Advis d'un théologien sans passion* dans le *Recueil* de Hay du Chastelet.

2. Sur ce personnage voir notamment une lettre apologétique du provincial des Capucins au général de l'ordre en faveur du P. Valeriano Magni, arrêté par ordre du pape.

quisition du bas Palatinat[1]. Il devait en même temps entretenir le duc de Nevers, le Père Joseph et un autre capucin, le Père *Honoré de Paris*, du projet de ligue chrétienne contre les Turcs; il leur portait des lettres de Maximilien et d'un religieux de son ordre, le Père Hyacinthe de Casal[2]. Il ne quitta la France qu'au commencement de juin de l'année suivante. Ce séjour prolongé indique assez qu'il n'y croyait pas perdre son temps, et, en effet, s'il faut en croire Richelieu, il aurait, pendant quatre mois, traité avec Puysieux, à l'insu du roi, du projet d'alliance avec la Bavière[3]. Sa négociation ne paraît pas toutefois avoir abouti à un résultat immédiat et positif.

Plus d'un an après, au mois de septembre 1624, le Père Hyacinthe de Casal arrivait lui-même de Bruxelles avec son compagnon, le Père Alexandre d'Alais, et descendait à Noizy chez le nonce Spada[4]. Federico Natta, — tel était le nom que le Père Hyacinthe portait dans le siècle, — était un agent du pape et de l'empereur, mais il ne servait pas avec moins de zèle les intérêts du duc de Bavière[5], dont était chargé d'ailleurs, dès le mois d'août, un agent spécial, le conseiller bavarois Küttner[6]. En réalité, comme le Père Valeriano Magni, dont il venait continuer l'œuvre, comme le Père Alexandre d'Alais, qui continuera la sienne, il travaillait pour une cause plus étendue et plus haute que celle de ses divers patrons, c'est-à-dire pour la cause catholique que chacun d'eux servait avec des vues particulières et dont les progrès risquaient d'être arrêtés par les rapports nouveaux de la France et de l'Angleterre. Mais le Père Hyacinthe n'avait pas, comme son prédécesseur, affaire aux Brularts, il ne trouvait pas un gouvernement disposé, plus encore par inertie que par conviction, à sacrifier les traditions et les droits de la France au triomphe du catholicisme en Europe. Par le hasard des circonstances, c'était à deux hommes d'Église, c'était à Riche-

1. Gindely, *Geschichte des dreissigjährigen Krieges*, IV, 487-493.

2. Le P. Valeriano Magni à l'électeur de Bavière. Nancy, 9 octobre 1622. (Arch. royales de Munich.) Corsini au cardinal neveu, Paris, 13 janvier 1623. (Bibl. Corsini.)

3. Fragment inédit des *Mémoires de Richelieu* publié par Ranke, *Franz. Geschichte*, V, 137.

4. Le P. La Rivière au connétable de Lesdiguières, 12 sept. 1624. (Arch. royales de Turin.)

5. Aretin, *Bayerns auswärtige Verhältnisse*, I, 195-196.

6. Spada au cardinal secrétaire d'État, 15 août 1624. (Bibl. Barberine.)

lieu et au Père Joseph qu'il était donné de démasquer l'équivoque qui rapportait autant de territoires à l'Autriche que d'adeptes à l'Église, de poser, dans les rapports internationaux, la distinction fondamentale entre le domaine politique et le domaine spirituel[1], de rejeter sur qui de droit la responsabilité de la recrudescence de force que l'hérésie pouvait trouver dans le concours des intérêts menacés. Le Père Hyacinthe s'attacha à dissiper les défiances de notre gouvernement contre la maison d'Autriche, à lui persuader qu'il était dupe de ses alliés protestants, à empêcher que le mariage du prince de Galles et d'Henriette-Marie n'entraînât, au profit du Palatin, une alliance entre la France et l'Angleterre. On lui répondit que le seul obstacle qui empêchât la France d'entrer dans ses vues sur la paix de la Chrétienté et l'intérêt du catholicisme venait de l'Espagne, que, si les Espagnols voulaient évacuer la Valteline et le Palatinat, notre pays ferait de grandes choses pour la religion. Comment douter de la sincérité de ces déclarations quand on sait qu'elles sortaient de la bouche de celui qui s'était fait l'apôtre d'une croisade contre les Turcs, c'est-à-dire d'une entreprise impliquant la subordination des rivalités nationales à la cause de la civilisation européenne? Le Père Hyacinthe prit congé du roi au commencement d'octobre[2]. Le Père Joseph témoigna au pape l'excellente impression qu'il laissait au souverain et à ses ministres[3]. Il ne faut voir là, comme dans la lettre de Louis XIII au saint-père remise au capucin italien, qu'un hommage banal et forcé aux idées de concorde et d'union dont ce religieux s'était fait l'organe au nom du souverain pontife et de l'empereur. Le résident de Savoie Scaglia est bien plus dans la vérité quand il écrit que le Père Hyacinthe n'a pas réussi auprès de Richelieu[4]. Il était beaucoup trop dévoué à la maison d'Autriche pour cela. Scaglia se trompe, au contraire, en disant que ce capucin ne rapporta de sa mission que de bonnes paroles. Il y avait deux choses dans cette mission : la

1. Rusdorf à Oxenstierna, Paris, 5 déc. 1629.

2. Louis XIII à Urbain VIII, 18 oct. 1624, dans Rocco da Cesinale, *Storia delle missioni de' Cappuccini*, 620. Boetzelaer aux États généraux, 25 oct. 1624. (Arch. roy. de la Haye.) Scaglia au duc de Savoie, 10 oct. 1624. (Arch. roy. de Turin.) Dépêches de Mirabel, du 29 et du 30 oct. 1624; Juan de Ciriça à Andrea de Prada, 27 oct. 1624. (Fonds de Simancas.)

3. Dans Rocco, 621, n. 1.

4. Dép. précitée de Scaglia.

tentative d'amener la France à l'abandon des alliances protestantes, et, à cet égard, le capucin ne pouvait rien obtenir, puis l'idée d'une transaction directe entre l'électeur de Bavière et le Palatin, et cette idée, que le Père Hyacinthe mettait en avant sans croire trahir son rôle d'agent impérial, ne pouvait être que fort bien accueillie, car elle répondait au désir d'isoler la ligue catholique de la maison d'Autriche et à une préférence pour une solution pacifique; déposée dans un projet d'accommodement remis par le religieux italien, elle ne devait pas rester stérile.

Le Père Hyacinthe laissa en France son compagnon, le Père Alexandre d'Alais, pour défendre avec Küttner les intérêts de Maximilien et de la maison d'Autriche. Cette tâche les mit souvent en rapport avec le Père Joseph. Ils n'avaient pas renoncé à l'espoir de le gagner à l'idée d'une union catholique européenne, à laquelle notre pays aurait commencé par immoler ses alliances protestantes. Ils furent étonnés et scandalisés de trouver chez ce capucin « un bon Français » qui ne voulait pas servir, même aux dépens des hérétiques et des infidèles, les *usurpations* des Habsbourgs, qui ne reculerait pas, pour les arrêter, devant le concours des puissances protestantes[1]. Dans cette clairvoyance patriotique, le Père Alexandre et Küttner affectèrent de ne voir que du machiavélisme, et ils le dénoncèrent avec indignation au nonce Spada et au Père Hyacinthe[2].

Ces dissidences profondes au sujet de la politique générale n'empêchaient pas la négociation de continuer sur le projet laissé par ce religieux. Au commencement de décembre 1624, un contre-projet fut porté à Munich par le Père Alexandre et par un chantre de Saint-Germain-l'Auxerrois nommé Fancan[3]. Après avoir aidé de sa plume la fortune d'un ministre qui, dans l'opposition comme au pouvoir, chercha toujours à diriger l'opinion, Fancan était entré dans son cabinet et il y exerçait son influence au profit du parti *politique*. Sa mission devait être entourée du plus grand mystère; elle consistait à exprimer le vif désir du roi d'accommoder l'affaire du Palatin à la commune satisfaction de l'Angleterre et de la Bavière et à amener Maximilien à se désintéresser complètement de la cause de l'Espagne, ainsi qu'à accepter la

1. Villiers Hotman à Fancan, 12 oct. 1624. (Cinq cents Colbert.)
2. Siri, *Memorie recondite*, V, 759.
3. Geley, *Fancan et la politique de Richelieu*.

transaction qui lui était proposée. Pour l'y décider, Fancan devait faire agir la crainte et l'ambition : la crainte de voir la France, si ses propositions étaient repoussées, se joindre à l'Angleterre dans l'intérêt du Palatin, l'ambition d'arriver par son appui à l'Empire. Si, au contraire, le duc de Bavière les agréait, il devait le manifester officiellement en sollicitant par une ambassade solennelle la médiation du roi[1].

C'était trop demander au prince circonspect qui régnait à Munich. La perspective de la dignité impériale le laissait froid. Il n'était pas, au contraire, insensible à celle de voir la France joindre ses forces à la coalition, dont le rétablissement du Palatin était le mot d'ordre, et faire entrer en Allemagne les troupes réunies sur la frontière. Mais il pensait, non sans raison, que notre pays serait arrêté par la crainte de resserrer et de consommer l'union de la ligue catholique avec l'empereur et l'Espagne, d'accomplir contre lui-même l'unité du grand parti catholique qui menaçait déjà de faire la loi à l'Europe. Notre réserve lui paraissait suffisamment assurée par la sienne propre. Aussi opposé à l'intervention de l'étranger dans les affaires de l'Allemagne qu'à celle de l'Allemagne dans les affaires des nations voisines, il était particulièrement contraire à un appel direct et public à la nôtre; il admettait bien la pensée de trouver chez elle, en cas d'extrême nécessité, un appui contre l'Espagne et même contre l'empereur, mais les circonstances ne lui paraissaient pas justifier ce recours à une protection qui ne lui semblait pas pouvoir être entièrement désintéressée et qui lui semblait incompatible avec nos alliances protestantes. Ces sentiments ne suffisent pourtant pas à expliquer la piteuse issue de la mission de Fancan. Soit que celui-ci ait encore accentué, dès son arrivée à Munich, la menace renfermée dans ses instructions, soit plutôt que le Père Alexandre y ait dénoncé ses préférences politiques[2], il ne réussit même pas à obtenir de l'électeur une audience et il dut se contenter de lui faire remettre le contre-projet dont il était porteur[3].

1. Mémoire pour servir d'instruction au sieur de Fancan, 12 décembre 1624; Avenel, VII, 941.

2. Mirabel à Philippe IV, Paris, 26 février 1625; Consulte du 29 mars 1625. (Fonds de Simancas.)

3. Projet sur l'accommodement des affaires du Palatinat fait à Muniken par le sieur de Fancan et baillé au duc de Bavière ensuitte de celuy du P. Jacinthe. (Arch. des affaires étrangères.)

S'il faut en croire les instructions de Fancan, ce contre-projet différait fort peu de celui du Père Hyacinthe. Nous ne sommes pas en mesure de vérifier cette analogie, ce dernier projet ayant échappé à nos recherches, mais nous inclinons à l'admettre, car il n'y a rien dans le contre-projet français qui n'ait pu être accepté par un catholique et un partisan zélé du duc de Bavière. En effet, le retour de la dignité électorale au Palatin, après la mort de son rival, y est subordonné à sa conversion, dont la sincérité doit être éprouvée par une profession de quinze ans; le libre exercice de la religion catholique, y compris le maintien des couvents existants, y est stipulé, voilà pour les intérêts de la religion. Quant au duc de Bavière, la certitude de conserver l'électorat pendant sa vie, la perspective de le transmettre à ses héritiers si l'électeur palatin n'abjurait pas, celle de garder le haut Palatinat, si son adversaire ne lui remboursait pas, dans le délai de six ans et en une seule fois, ses frais de guerre, estimés à trois millions de florins, l'éventualité de son élection à l'empire, prévue par un article secret, tout cela sauvegardait à la fois sa dignité, ses sentiments religieux et son ambition.

Fancan revint au mois de février 1625 de son infructueuse mission, dont le secret avait été pénétré par l'ambassadeur d'Espagne. La même année on trouve un autre agent français en Allemagne. Il s'appelait Henri de Gournay, sieur de Marcheville. Lorrain par son père, Allemand par sa mère, homme d'initiative et d'intrigue[1], il était entré dans la diplomatie sous les auspices du Père Joseph. Il allait reprendre la tâche au début de laquelle Fancan avait été arrêté par les préventions dont il était l'objet, et proposer à l'archiduc Léopold des concessions en Valteline en échange de son appui pour l'évacuation du Palatinat, ouverture au fond de laquelle il y avait surtout le désir de l'opposer à l'empereur son frère[2]. Le passé de l'archiduc autorisait à espérer qu'il se prêterait à ce rôle; en 1611, il avait recherché l'assistance de la France en vue d'obtenir, de préférence à Ferdinand, la couronne impériale[3]; le partage de la succession paternelle ne l'avait pas satisfait, et il aspirait à quitter les ordres pour trouver

1. Morosini au doge, Poissy, 25 novembre 1625. (Fonds italien.)

2. Morosini au doge, Poissy, 25 oct. et 25 nov. 1625; Philippe IV à Aytonna, Madrid, 4 juin 1626. (Fonds de Simancas.) Siri, VI, 40; Hürter, *Geschichte Ferdinands II.*

3. Anquez, *Bongars*, p. 148.

dans le siècle l'emploi de son ambition. Mais les dispositions où Marcheville le trouva furent toutes différentes de celles sur lesquelles il comptait. Léopold se fit auprès de notre envoyé le patron d'un plan de politique générale[1] pour lequel il avait eu recours à la plume du Père Valeriano Magni, et qui était destiné à endormir la France sur ses intérêts les plus chers. Il s'agissait de faire entrer dans une ligue offensive contre les infidèles le souverain pontife, l'empereur, le roi très chrétien et le roi catholique, qui sacrifieraient à l'intérêt de la Chrétienté leurs ambitions particulières. Cette ligue mettrait sur pied une armée de 120,000 hommes, divisée en trois corps de 40,000, et à la formation de laquelle chacun des confédérés contribuerait dans d'égales proportions. Les chefs de ces trois corps étaient déjà désignés : c'étaient le grand-duc pour l'Italie, le duc de Bavière pour l'Empire, le duc de Lorraine pour la France, les Pays-Bas et les Provinces-Unies. Cette armée cosmopolite et catholique devait être employée à la fois contre les Turcs et les hérétiques; elle devait notamment être mise à la disposition du roi de France contre les huguenots de son royaume. Celui des confédérés qui chercherait à satisfaire quelque ambition personnelle s'exposerait à voir son propre contingent se tourner contre lui. L'archiduc offrait de se rendre en personne en France pour gagner le roi à cette sorte de « sainte alliance » qui, à l'entendre, devait faire de lui l'arbitre de l'Europe.

Nous connaissons ces idées et ce langage; c'est ceux que naguère le Père Valeriano Magni, le Père Hyacinthe de Casal, le Père Alexandre d'Alais faisaient entendre et cherchaient à faire accepter en France; c'était toujours le même système, en partie intéressé, en partie sincère, de ne tenir aucun compte des questions nationales, de réduire le conflit européen à la lutte de deux religions, dans le but d'entraîner notre pays, à la suite de la maison d'Autriche, dans la contre-réformation, de lui faire perdre ses alliés protestants et d'y rouvrir la plaie mal fermée de la guerre civile.

Le gouvernement français ne pouvait ni être la dupe d'une pareille proposition, ni la traiter à la légère. Il rendit hommage aux intentions de l'archiduc Léopold et feignit de les considérer comme tendant à affranchir l'Europe de la crainte inspirée par

1. Arch. nationales et Avenel, VII, 573, n. 2.

les Espagnols et « leurs confédérés; » mais il déclara en même temps que le moyen proposé irait contre son but en donnant à penser aux alliés des quatre membres de la ligue qu'ils étaient abandonnés. En même temps il proposait de renouveler les engagements réciproques de paix, d'amitié, de respect des alliés contenus dans le traité de Vervins, mais il ajournait ce renouvellement solennel au moment où les questions pendantes en Italie, en Valteline et en Allemagne seraient équitablement réglées[1]. C'était dire clairement qu'il considérait comme prématurée l'hypothèse de la paix européenne, c'était remplacer un concert déterminé dans ses moyens d'action et dans son but par de vagues déclarations sans cesse répétées, oubliées sans cesse.

Le projet de l'archiduc Léopold et du Père Valeriano Magni ne pouvait rencontrer auprès du Père Joseph un accueil aussi dédaigneux. Notre capucin y retrouvait ses propres aspirations. Mais l'esprit dans lequel ce projet était conçu, les circonstances dans lesquelles il se présentait étaient de nature à lui inspirer des sentiments très mêlés. Le mémoire qu'il a dicté sur ce sujet à son compagnon, le Père Ange de Mortagne, montre à la fois sa sympathie pour le principe de la ligue, sa méfiance contre la forme qui lui a été donnée. Il en accepte le caractère religieux, il en repousse l'organisation militaire. Et ce n'est pas pour lui en substituer une autre, car il croit qu'il suffira le plus souvent à la ligue de son autorité morale pour se faire obéir. L'idée de faire venir les Espagnols en France pour aider à la soumission des huguenots ne lui semble pas supporter l'examen. Mais il ne peut se résigner à faire aussi bon marché du projet que les ministres. Il comprend les deux sentiments qui ont le plus contribué à le leur faire repousser : la crainte de voir nos alliés, se considérant comme abandonnés, se jeter dans les bras de l'Espagne qui, après nous les avoir enlevés, ne se ferait pas scrupule de rompre l'union ; la répugnance à laisser les Hollandais résister seuls à l'Espagne. Mais il ne croit pas qu'on doive s'arrêter devant ces considérations. Il pense qu'on peut rassurer nos alliés sur les conséquences de cette ligue, les convaincre par les raisons développées dans le projet que la France la fera servir, au contraire, à assurer leur indépendance. D'ailleurs, ajoutait-il, entre l'Espagne et notre

1. Avenel, VII, 573; Mémoire du Père Joseph. (Arch. nat.)

pays nos alliés pourront-ils hésiter? Ne comprendront-ils pas que notre alliance est moins onéreuse et moins périlleuse pour cette indépendance? Quant à l'abandon des Hollandais, nos anciens alliés, le Père Joseph n'y répugne pas autant que le conseil. Ce n'est pas seulement parce qu'il redoute en eux les auxiliaires de nos huguenots; ils sont aussi, à ses yeux, les adversaires irréconciliables de notre commerce maritime, dont il souhaite le développement avec une passion égale à celle de Richelieu. Ils ont besoin, d'après lui, de subir une bonne humiliation pour devenir moins entreprenants. On ne peut leur en infliger une meilleure ni porter en même temps un coup plus sensible à leur puissance maritime qu'en leur interdisant, par le traité de paix ou de trêve qui semble imminent entre eux et l'Espagne, l'attaque des colonies espagnoles. D'un autre côté, il ne faut pas s'effrayer des conséquences d'un retour offensif de l'Espagne contre ses anciens sujets, car elle n'en aura pas facilement raison, et nous pourrons assister tranquillement à une lutte où les Hollandais trouveront l'appui des puissances protestantes.

Le Père Joseph voulait faire entrer la ligue catholique dans la confédération, mais sous les auspices de la France, dont l'influence s'en accroîtrait, et après les avoir liées ensemble par un traité particulier. Il critiquait la marche imaginée pour la négociation : avant de traiter avec le pape et l'empereur, il aurait fallu arrêter les principes essentiels avec l'Espagne, dont l'adhésion aurait entraîné les autres. Enfin, dans sa pensée, la ligue ne devait pas être une machine de guerre contre les protestants; elle devait se contenter de défendre les catholiques là où ils étaient persécutés par leurs adversaires. On pensera peut-être que cette modération est plus apparente que réelle, et que la défense des catholiques par une confédération composée des trois plus puissants souverains de l'Europe devait nécessairement aboutir à l'oppression des protestants. Peut-être, en effet, les conséquences de ces deux systèmes n'auraient pas été très différentes, mais, dans les intentions qui les avaient inspirés, il y avait une différence, et cela vaut la peine d'être remarqué.

Si le Père Joseph ne craignait pas d'accepter un projet dont la perfide intention ne lui échappait pas, c'était avec la pensée de le *transformer*. Il ne voulait pas d'une organisation militaire dans laquelle aucune place n'avait été faite à la France, dont les chefs, au contraire, étaient dévoués à la maison d'Autriche, et, pour ne pas soulever de compétitions à ce sujet, comme pour ne pas donner à la ligue un caractère provocateur, il la réduisait, au début du moins, — car il prévoyait certainement le moment où d'autres armes deviendraient nécessaires, — à un ascendant purement moral qui lui permettrait d'exercer une sorte d'arbitrage dans les conflits des deux religions. La France y entrerait forte de son alliance avec les catholiques allemands et sans perdre pour cela ses alliés protestants, elle en deviendrait l'âme, elle s'emparerait de sa direction, elle ferait d'une combinaison dirigée contre elle le fondement de cette primauté européenne qu'elle devait faire servir au triomphe du catholicisme. La manœuvre était périlleuse et l'on comprend que des politiques prudents n'aient pas osé la tenter. Ce qu'il y a de sûr, c'est que l'idée qu'elle était destinée à servir s'imposait à la France. La grande question pour elle et pour l'Europe, en 1625, était celle de savoir si la maison d'Autriche, ayant, en fait et dans l'opinion, identifié sa cause avec celle du catholicisme, cette solidarité, qui menaçait l'Europe de la monarchie et de l'intolérance universelles, pouvait être rompue. C'était à la rompre, bien plus qu'à former une coalition protestante dont la faiblesse ne lui faisait pas illusion, que Richelieu devait mettre ses efforts. Comment prévoir, en effet, que du sein d'un parti sans cohésion, des brumes glacées de la Scandinavie allait sortir un homme de génie qui ébaucherait en Allemagne le dessein d'un empire protestant? L'influence de la France dans le monde a toujours été liée au progrès d'une cause générale dont elle s'est faite le champion; en 1625, cette cause était celle de l'indépendance européenne et d'un catholicisme compatible avec une certaine liberté de conscience. Richelieu et le Père Joseph l'avaient embrassée avec une ardeur égale, le premier en y rattachant des arrière-pensées d'agrandissement territorial, le second avec des vues plus désintéressées. L'idée de ligue chrétienne que celui-ci avait vainement essayé de faire accepter aux adversaires héréditaires de son pays lui revenait maintenant d'Allemagne; pouvait-il se montrer aussi sévère pour elle que les politiques du conseil? N'était-il pas naturel qu'il l'accueillît avec le secret espoir de la retourner contre ceux qui ne voulaient la faire aboutir qu'à l'isolement de la France? Il manquait, il est vrai, le premier à une des conditions de son programme en se montrant disposé à l'abandon des Hollandais. C'était une grave erreur qui n'était justifiée ni par leurs intelligences avec nos huguenots, ni par l'ambition de fonder, aux dépens de leur empire maritime, une marine nationale, des établissements coloniaux. Il faut remarquer toutefois qu'il ne leur retirait pas notre appui avec la pensée de les laisser succomber dans leur lutte contre les Espagnols, mais parce qu'il les croyait par eux-mêmes et par l'assistance de leurs alliés protestants assez forts pour leur résister.

La première chose à faire pour supplanter la maison d'Autriche dans la direction du mouvement catholique, c'était d'établir une entente aussi intime que possible entre la France et la ligue dont Maximilien était le chef.

L'entreprise n'était pas facile. Il ne suffisait pas de gagner ce prince, car son autorité n'était pas toujours acceptée par ses confédérés, et, d'ailleurs, il était tout l'opposé de ces caractères faibles qui obéissent docilement à l'influence d'autrui. Il avait autant d'habileté qu'on peut en avoir quand on a des scrupules, et ses scrupules, comme son habileté, le préparaient fort mal à se prêter aux vues qu'on avait sur lui. Il était aussi difficile de le tromper que de le faire transiger sur les principes dont il avait fait la règle de sa conduite et qui étaient ceux d'un catholique, à la fois fanatique et prudent, d'un Allemand, hostile à l'ingérence étrangère en même temps que conservateur jaloux de la vieille constitution germanique, d'un souverain aussi attaché à ses intérêts qu'à ses devoirs. La crainte d'une invasion des Turcs dans les états de l'empereur et dans ses propres états avait été longtemps sa préoccupation principale, longtemps il avait considéré une ligue contre les Infidèles comme la grande affaire de l'Allemagne et même de l'Europe[1]. Maintenant que les événements avaient remplacé le danger d'une invasion ottomane par des dangers plus pressants, et lui avaient donné un grand rôle et un grand intérêt dans la lutte qui déchirait l'Allemagne, il était guidé par la crainte de la voir entraînée dans la rivalité entre la France et la maison d'Autriche, par le désir de se mettre à la tête d'un tiers parti et par celui d'assurer à sa maison la dignité électorale et le Palatinat. Si, au mois de février 1625, il se dérobait

1. Stieve, *Churfürst Maximilian I von Bayern*. Munich, 1882.

aux instances de l'agent impérial Marradas, pour le faire entrer dans une union catholique défensive et offensive à côté de l'empereur, du pape et de Philippe IV, c'est qu'il craignait que ce rapprochement plus intime provoquât une rupture avec la France, c'est qu'il ne voulait pas devenir l'instrument et peut-être la victime des ambitions de confédérés plus forts que lui. Rien ne l'inquiétait davantage que l'établissement des Espagnols dans la vallée du Rhin[1], et ses coélecteurs catholiques partageaient ses inquiétudes[2]. Tous sentaient que la France ne pouvait se résigner à un voisinage aussi menaçant, qu'elle y verrait un motif légitime d'intervention. D'ailleurs ils en souffraient eux aussi : l'indiscipline des troupes espagnoles, l'hostilité des Hollandais qu'elles attiraient sur le pays leur faisaient payer cher la protection qu'elles étaient censées leur apporter. Résolu à ne sacrifier à personne les intérêts de sa religion, de sa patrie, de sa maison, Maximilien sentait le besoin de ménager tout le monde pour faire réussir des desseins qui dépassaient ses moyens. La France entrait dans ses combinaisons. Pour prix de son refus de s'associer aux intentions agressives de la maison d'Autriche, il attendait de notre pays l'abandon de ses alliés protestants. Il fut dupe pendant un temps de nos déclarations rassurantes à cet égard[3], mais en 1626 il acquit la preuve incontestable de nos intelligences, de nos engagements avec un parti qu'il considérait comme l'artisan incorrigible des divisions nationales. Le dépit d'avoir été trompé, la crainte que la France ne profitât de la pacification de l'Italie et des Alpes (traité de Monçon, mars-mai 1626) pour se jeter en Allemagne, ne lui permettaient plus de se tenir à l'écart de la concentration des forces catholiques que l'Autriche et l'Espagne cherchaient à opérer. Il n'hésita donc plus à prendre part aux conférences qui allaient s'ouvrir à Bruxelles en vue de la formation d'une contre-ligue catholique destinée à répondre à la ligue de la Haye, et le 12 mai ses représentants arrivaient dans la capitale du Brabant.

Il y avait eu une époque où les craintes de Maximilien auraient pu être justifiées, elles ne l'étaient plus au moment où se réunis-

1. Maximilien à Khevenhüller, ambassadeur impérial en Espagne, Khevenhüller, X, 764-766.
2. Avis de l'électeur de Mayence à l'empereur en 1625; ibid., p. 761.
3. Maximilien à Tilly, 19 nov. 1624.

sait le congrès de Bruxelles. Jamais les intentions de Richelieu n'avaient été plus éloignées d'une invasion en Allemagne. En l'affirmant, nous n'oublions pas le plan de campagne proposé par lui aux ambassadeurs anglais au mois de février 1626, mais cette proposition ne doit pas nous tromper. Dans les circonstances où elle se produisit, elle ne pouvait avoir qu'un but : établir que la France était toute disposée à une action militaire commune, dans l'espoir de laquelle l'Angleterre venait d'exercer une pression sur les huguenots pour les amener à déposer les armes, la mettre en face d'un plan d'opérations arrêté, engageant à fond et sans retour les deux alliés, et, si, comme cela était sûr, il n'était pas accepté, se donner le droit de dire que ce n'était pas notre faute si le Palatin n'avait pas été défendu par nos armes, si force était de se rabattre sur la diplomatie pour rendre sa situation meilleure. Ce n'était pas au moment où Richelieu négociait la paix avec l'Espagne et était désireux de réussir, même en s'exposant aux récriminations de ses alliés, au moment où il venait de terminer une guerre civile par un traité qui reposait en partie sur une dangereuse équivoque et soulevait les clameurs des catholiques, au moment enfin où il se sentait enlacé dans la trame d'une vaste conspiration[1] qu'il pouvait songer à se lancer dans une guerre ouverte contre l'Espagne et l'Empire. Les termes dans lesquels il a parlé de ses offres et de leur inutilité laissent d'ailleurs entrevoir l'intention avec laquelle il les a faites. C'est l'époque où, après avoir, l'année précédente, oscillé entre l'extension de la guerre extérieure et la destruction du parti protestant, il aspire à la paix au dehors et à une paix provisoire au dedans. Il comprend la nécessité d'assurer le terrain sous ses pas, d'affermir son autorité, de rendre le parti huguenot impuissant et de donner à l'opinion, par la prise de la Rochelle, la satisfaction qu'elle réclame, de faire enfin une France unie et forte pour qu'elle soit capable de déployer un jour son drapeau sur les points où ses intérêts seront menacés. Jusqu'au moment où l'entreprise de l'Espagne contre le duc de Mantoue le forcera à avoir de nouveau recours aux armes, l'action de la France au dehors se réduira à soutenir la ligue protestante juste assez pour qu'elle ne puisse pas se croire entière-

1. Voy. *le Père Joseph et Richelieu : la lutte pour les Alpes et la conspiration de Chalais.*

ment abandonnée et à exercer entre elle et la ligue catholique une médiation destinée à sauver la première et à placer la seconde sous notre influence. C'est le système que l'on constate dans l'accueil fait à Lorenz de Wenzin, quand, au mois de mars 1626, il vint, au nom du roi de Danemark, solliciter le paiement du subside de 200,000 livres échu le 1er janvier et la diversion militaire promise : en fait de subside, il n'obtint qu'un acompte de 150,000 livres, et, quant à une intervention armée, elle fut subordonnée à celle de l'Angleterre, qu'on savait impossible. C'est ce que l'on voit apparaître aussi dans les relations diplomatiques avec la Bavière, qui vont être pendant bien longtemps le pivot de la politique française.

Si Maximilien participait aux conférences de Bruxelles, ce n'était pas avec l'intention d'entrer dans la coalition à laquelle l'Espagne espérait les faire aboutir. Il voulait seulement faire peur à la France, montrer qu'il était sensible à ce qu'il considérait comme sa duplicité, ménager la maison d'Autriche. Il écrivit donc à Richelieu qu'il n'avait pu se dispenser d'envoyer ses représentants à Bruxelles, mais que ses sentiments pour le roi n'avaient pas changé. Il invitait Louis XIII à exercer sa médiation en vue d'une suspension d'armes d'abord et ensuite d'un *accommodement équitable de la question palatine, lui promettait*, en son nom et au nom de la ligue catholique, que ses propositions seraient favorablement accueillies, se déclarait résolu à empêcher les Espagnols d'achever par la prise d'Heidelberg et de Manheim la conquête du bas Palatinat, et annonçait qu'à peine averti des intentions du roi, il donnerait à ses envoyés l'ordre de différer leur adhésion au traité qui se négociait à Bruxelles. Quant aux conditions de cet accommodement équitable, il demandait au roi de s'en tenir, sauf des modifications de détail, à celles du projet dressé par le Père Hyacinthe[1].

Au fond de ces avances il y avait une mise en demeure : Maximilien plaçait la France dans l'alternative ou d'épouser ses intérêts dans la question palatine ou de le voir, et la ligue catholique à sa suite, s'unir sans réserve à la maison d'Autriche. Cela était bien fait pour activer les négociations poursuivies en ce moment même avec le Père Alexandre d'Alais, revenu en France à une

1. Cette lettre doit avoir été écrite le 10 juin 1626. (Arch. des aff. étrang.)

date que nous ignorons. En rendant compte à Richelieu de la lettre du duc de Bavière, le Père Joseph lui suggéra de faire conclure entre la ligue protestante et la ligue catholique une suspension d'armes pendant laquelle se résoudraient les difficultés soulevées par le projet du Père Hyacinthe, le roi s'engageant, en attendant, à ne fournir aucun secours aux confédérés de la Haye, la ligue catholique à ne pas contracter d'engagements avec l'Espagne. Le Père Alexandre pourrait, ajoutait-il, porter à l'électeur les résolutions du roi sur ces deux points et, pour ne pas trahir le secret dont on avait déjà voulu entourer sa mission en France, ce capucin retournerait à Munich en passant par Cologne[1].

Cet avis fut suivi et le Père Alexandre emporta un mémoire contenant les nouvelles propositions d'accommodement de la France. Elles donnèrent lieu entre les deux religieux à une correspondance, qui fut pour Maximilien l'occasion d'exprimer sa disposition à les accueillir, si elles lui étaient présentées, non plus comme de simples vues du gouvernement français, mais comme les conditions mêmes que celui-ci se chargeait de faire accepter aux parties.

Pour répondre à cette invitation, on envoya à Munich, au mois de septembre 1626, un agent porteur d'un projet de traité et des pouvoirs nécessaires pour le signer. C'était encore Marcheville, déjà familiarisé avec les hommes et les questions, à qui il allait avoir affaire. Tout en étant aussi autorisé que possible à parler et à traiter au nom du roi, il ne devait pas se présenter publiquement comme son représentant, mais comme un simple particulier en relation avec le duc[2]. Ce fut le Père Joseph qui lui donna ses instructions.

Ces instructions (18 septembre 1626) nous font pénétrer plus avant dans les desseins du cardinal et du capucin. Il ne s'agit plus seulement de ménager un compromis entre le duc de Bavière et le Palatin. Ce compromis doit conduire à la pacification générale de l'Allemagne par l'accord des deux partis qui la divisent. Ce n'est donc pas seulement à Maximilien que Marcheville doit faire accepter les conditions dont il est porteur, il faut qu'il

1. Arch. des aff. étrang., Bavière.

2. Instruction pour le sieur de Marcheville, 18 sept. 1626. Dépêche rendant compte des intentions du duc de Bavière. (Arch. des aff. étrang., Bavière.)

obtienne aussi l'adhésion des autres électeurs catholiques ou préférablement qu'il amène le chef de la ligue à se porter fort de cette adhésion. Il s'efforcera ensuite d'y faire souscrire les princes protestants, et surtout l'électeur de Saxe, en leur faisant rendre les États occupés par la ligue catholique. Enfin, si le duc de Bavière persiste à désirer une suspension d'armes, désir déjà exprimé dans les lettres du Père Alexandre, le roi est disposé, l'accord une fois signé, à agir dans ce but auprès du roi de Danemark.

Quant au règlement de la question palatine, il ne différait pas essentiellement de celui que Fancan avait proposé plus de dix-huit mois auparavant. C'était toujours la jouissance viagère de l'électorat pour le duc de Bavière, sa restitution conditionnelle au Palatin ou à sa maison à la mort du duc, la réintégration immédiate de Frédéric V dans le bas Palatinat, le rétablissement de la religion catholique et une tolérance plus ou moins large des cultes dissidents dans ce pays, le retour du Palatinat supérieur à son ancien maître moyennant le remboursement des frais de guerre pour lesquels il était engagé à Maximilien. Si Marcheville désespère de faire souscrire ce dernier à des conditions au sujet desquelles rien ne lui garantit le consentement du Palatin et de l'Angleterre, il essaiera de triompher de ces hésitations en proposant un article secret au terme duquel le roi et le duc s'engageraient à imposer ces conditions, le premier à l'électeur dépossédé et à son beau-frère, le second à l'empereur et à l'Espagne. C'était cesser d'être médiateur pour devenir solidaire d'une des parties, c'était s'exposer à s'aliéner Frédéric et ses alliés et notamment l'Angleterre. Aussi cet article devait, ainsi que nous l'avons dit, rester secret et n'être mis en avant qu'à la dernière extrémité. Du reste les avantages qu'on espérait à Paris tirer de ce changement d'attitude compensaient bien ce qu'on pouvait y perdre. En hasardant l'alliance anglaise, déjà si compromise, on ne hasardait pas grand'chose; on gagnait beaucoup, au contraire, à amener la ligue catholique à s'entendre avec la France, en dehors de la maison d'Autriche, sur une question qui touchait celle-ci de si près et à imposer à tous les intéressés la solution adoptée de concert. C'était semer un germe de conflit entre les Habsbourgs et la ligue catholique, c'était, au contraire, jeter entre elle et notre pays le fondement d'une union d'où pouvait sortir un jour pour l'Allemagne l'organisation nouvelle rêvée par le Père Joseph et par Richelieu. Aussi, pour entraîner le chef de la ligue à cette démarche décisive, lui offrait-on de mettre à son service notre influence dans ce pays, d'employer notamment cette influence à faire placer sur sa tête la couronne impériale[1].

Maximilien n'en demandait pas tant à la France ; ce qu'il voulait, et cela il le voulait bien, c'était de la voir rompre ses liens avec le parti évangélique et renoncer aux projets d'intervention armée qu'il persistait à lui prêter[2]. Les exigences de l'Espagne à Bruxelles, en rendant une entente impossible entre elle et lui, semblaient devoir lui faire sentir davantage l'intérêt d'un rapprochement avec nous, mais, d'un autre côté, nos relations avec les adversaires du catholicisme lui inspiraient autant d'éloignement que d'inquiétude, et la victoire remportée à Lutter par Tilly sur le roi de Danemark (27 août) n'était pas de nature à le faire relâcher de ses prétentions dans la question palatine. Toutefois Marcheville se félicita de l'accueil fait à ses propositions. Et cependant le duc de Bavière n'acceptait le projet français qu'avec une importante modification ; tandis que ce projet ne lui attribuait l'électorat qu'à titre personnel et viager, Maximilien prétendait que cette dignité devait être alternative entre la maison palatine et la sienne. Marcheville se fit l'avocat passionné de cet expédient, en même temps que d'une suspension d'armes qu'il fallait, selon lui, conclure de suite, sans insister sur l'adoption du projet. Il est évident, du reste, que l'intérêt de la France consistait moins à faire prévaloir telle ou telle solution qu'à ne pas laisser échapper de ses mains la médiation dont elle avait pris l'initiative et à recueillir tous les avantages qu'elle s'en promettait. Le premier de ces avantages, l'alliance avec la ligue catholique et avec son chef, était encore incertain, car Maximilien, tout en acceptant le principe de cette alliance, ne se reconnaissait pas le pouvoir d'engager ses confédérés pour la garantie d'une transaction qu'il concevait d'ailleurs autrement qu'on ne le faisait à Paris. Marcheville fut donc obligé de renoncer à rapporter un acte signé, il

1. Instruction pour le sieur de Marcheville, 18 sept. 1626. « Mémoire des conditions auxquelles on pourroit terminer les affaires d'Allemagne. Articles que le Roy propose et estime justes pour l'accommodement du Palatinat. Responce de M. le duc de Baviere à ces articles. » (Arch. des aff. étrang., Allemagne et Bavière.)

2. Voy. notamment Khevenhüller, X, 764-766.

s'estima heureux de laisser le nouvel électeur disposé à traiter sous les auspices du roi, d'avoir constaté qu'il se mettait en mesure de rechercher l'adhésion de ses confédérés et d'avoir obtenu l'envoi du Père Alexandre en France avec la mission de négocier et de signer l'acte destiné à réaliser l'union du roi très chrétien, de la ligue catholique et du parti protestant[1].

Le Père Alexandre servit de près Marcheville, peut-être même l'accompagna-t-il. Désappointé de ne pas recueillir de suite le prix de ses sacrifices, Richelieu se demanda si l'espoir qui les lui avait fait faire n'était pas chimérique. Le projet de règlement de la question palatine, surtout avec les modifications demandées par Maximilien, lui paraissait conçu dans l'intérêt exclusif de ce prince; la suspension d'armes pouvait, à ses yeux, être aussi funeste aux protestants que l'avait été la trêve d'Ulm, monument trop fameux de la complaisance des prédécesseurs du cardinal pour la maison d'Autriche. Fallait-il ne tenir compte dans l'adoption d'une transaction que des convenances d'une des parties? N'était-ce pas préparer l'échec d'une médiation qui, pour réussir, pour devenir le fondement de notre influence en Allemagne, devait nécessairement s'inspirer d'une certaine impartialité? Richelieu avait peur d'aller trop loin. La rupture de l'alliance anglaise, la prévision de l'hostilité qui allait la remplacer lui faisaient sentir la nécessité de regagner du côté des catholiques ce qu'il perdait du côté des protestants, mais cette évolution ne devait pas, dans sa pensée, avoir pour conséquence l'abandon de nos alliés protestants. Il ne cessait pas, au contraire, de leur donner, quoique trop parcimonieusement à leur gré, des marques d'intérêt. Après avoir, l'année précédente, envoyé deux fois La Picardière dans le Nord pour décider les villes hanséatiques à faire cause commune avec Christian IV, il accordait à un envoyé danois, Jean Zobel, un subside de 50,000 écus[2] et autorisait les comtes de Montgomery et de Laval à servir en Danemark à la tête d'environ 6,000 hommes. D'ailleurs, ce n'était pas seulement les protestants qu'il avait à ménager. Il avait prêté l'oreille aux ouvertures d'Olivarès en vue

1. Contarini et Zorzi au doge, 11 déc. 1626. (Fonds italien.)

2. Niels Slange, *Kong Christian den Fjerdes Historie*, remanié et résumé en allemand par D.-H. Schlegel. Copenhague-Leipzig, 3 vol. in-4°.

d'une alliance offensive contre l'Angleterre, non qu'il crût beaucoup à leur sincérité, mais parce que à l'animosité des Anglais il était utile d'opposer une entente, même apparente, avec l'Espagne. Régler avec la Bavière toute seule la question palatine, ne serait-ce pas faire avorter le projet de traité avec le gouvernement de l'Escurial, justement irrité d'apprendre que ses intérêts avaient été entièrement sacrifiés? Olivarès ne tirerait-il pas parti de nos concessions à la Bavière pour se rapprocher brusquement de l'Angleterre, à laquelle il était moins hostile qu'il ne voulait le paraître, pour nous enlever le rôle de protecteur du Palatin qu'il avait toujours affecté et auquel nous semblions vouloir renoncer? Aussi Richelieu inclinait-il à ne rien conclure avec le Père Alexandre avant d'être fixé sur les vraies intentions de l'Espagne et d'avoir fait au roi de Danemark des ouvertures de paix. On justifierait cet ajournement en disant qu'on attendait l'adhésion des électeurs catholiques au principe de l'alliance, et cependant on discuterait les modifications demandées par le capucin.

Le cardinal ne persista pas dans ces dispositions, elles cédèrent à l'influence du Père Joseph. Celui-ci le décida à faire un pas de plus dans la voie des avances à la Bavière en envoyant à Munich, sans attendre l'adhésion des électeurs catholiques qui devait être la récompense de ces avances, un agent qui passerait de là en Danemark pour proposer un désarmement général et la médiation du roi. Cet agent ferait signer par le duc, autorisé à cela par ses confédérés, le projet d'accord entre la ligue et le roi[1]. C'était des résolutions arrêtées à la suite de négociations auxquelles il n'avait pas pris part et non des propositions à débattre qui devaient être communiquées à Christian IV, mais notre représentant ne devait se charger de les appuyer auprès de ce prince et de ses alliés qu'après avoir obtenu pour elles la garantie de la ligue catholique.

Il appartenait à celui qui avait triomphé des défiances de Richelieu à l'égard de la Bavière de dresser les instructions de l'envoyé chargé de faire valoir la condescendance et la confiance dont sa mission était la preuve, d'en recueillir le prix et d'assurer à notre pays l'honneur disputé du rétablissement de la

1. Arch. des aff. étrang., Bavière.

paix; ces instructions (6 décembre 1626) sont, en effet, l'œuvre du Père Joseph[1].

Il avait pris aussi la plus grande part à la discussion des modifications demandées par Maximilien et à l'adoption du nouveau projet que Marcheville porta à Munich, où il fut envoyé une fois de plus sur la désignation de son protecteur. Ce projet tenait compte de presque toutes les contre-propositions de l'électeur, à l'exception toutefois de la principale, c'est-à-dire de celle qui portait sur l'alternative[2]. Elles avaient été examinées dans des conférences intimes avec le Père Alexandre. N'en résulte-t-il pas une forte présomption que la tâche de les discuter fut principalement confiée au Père Joseph? Qui pouvait être aussi bien fait que lui pour traiter avec un pareil négociateur, son frère en religion, son correspondant habituel? En réalité, on peut, sans courir risque de se tromper, considérer le nouveau projet comme le résultat des entrevues des deux capucins.

Marcheville ne réussit pas à faire entrer les électeurs dans les vues de son gouvernement, il se borna à constater que la médiation de la France était désirée et bien accueillie et à attacher définitivement l'électeur de Trèves à nos intérêts en lui faisant accepter une pension; il n'eut donc pas à faire usage de ses lettres de créance auprès du roi de Danemark.

Comment s'étonner que les électeurs catholiques aient mis peu d'empressement à accomplir l'évolution si grave qu'on leur demandait, à s'affranchir de leurs devoirs envers l'empereur et l'Empire pour déférer à la France l'arbitrage des affaires allemandes? Le moment où on leur demandait de se séparer d'une façon éclatante du chef du Saint-Empire était celui où ce dernier faisait triompher dans le nord de l'Allemagne la cause du catholicisme et où ils n'avaient pas perdu l'espoir d'obtenir de lui-même la satisfaction des griefs soulevés par la façon dont Waldstein faisait la guerre. La présence d'un agent danois à Paris, le conflit engagé entre la France et Ferdinand II au sujet de la juridiction des Trois-Évê-

1. Instruction au sieur de Marcheville, 6 déc. 1626.

2. Cf. les art. « accordés entre le Roy T. C. et M. l'Électeur de Baviere, fondé de pouvoirs de quelques autres Électeurs pour establir la paix dans l'Empire et terminer les différends qui y maintiennent la guerre » (Arch. des aff. étrang., Bavière), avec le projet proposé par Marcheville en sept. 1626 et accompagné des objections du duc de Bavière.

chés, la confirmation du traité d'alliance avec les Hollandais augmentaient encore leur répugnance à rompre leurs liens avec l'empereur, à contracter un pacte avec l'ennemi national, avec l'allié des hérétiques. Maximilien se flattait de faire attribuer à sa maison par la diète qui allait se réunir l'hérédité absolue et non plus seulement conditionnelle de la dignité électorale. Les temps n'étaient pas mûrs encore pour le succès de l'idée que Marcheville était chargé de faire prévaloir, trop de scrupules et trop de méfiances s'opposaient encore à ce que le parti catholique germanique se laissât attirer dans la sphère politique de la France.

L'insuccès de la mission de Marcheville ne découragea pas cependant le gouvernement français. En prévision de la diète qui avait été assignée d'abord à Nuremberg et qui s'ouvrit le 18 octobre 1627 à Mulhausen en Thuringe, le même agent fut renvoyé en Allemagne. Le principal but de sa nouvelle mission était encore d'obtenir l'adhésion des électeurs catholiques au dernier projet d'accommodement, de le faire accepter à Christian IV, de le placer sous la garantie de la France et des électeurs des deux religions. Il devait aussi les amener à se rendre compte de l'inopportunité et des dangers de l'élection du roi de Hongrie comme roi des Romains, de l'avantage de faire passer la couronne impériale dans une autre maison, c'est-à-dire dans celle des Wittelsbachs, il devait enfin assurer l'électeur de Trèves du paiement régulier de la pension de 36,000 livres, au prix de laquelle la France acquérait dans le collège électoral un serviteur dévoué de ses intérêts. Ce fut encore le Père Joseph qui lui traça ses instructions (26 juin 1627).

La diète, où Marcheville joua un rôle actif, reconnut l'hérédité de la dignité électorale dans la maison de Maximilien, mais ce ne fut pas sans peine, et la répugnance des électeurs catholiques à cette décision, leur froideur et leur jalousie à son égard lui firent sentir le besoin qu'il avait de la France, l'utilité d'entretenir ses intelligences avec elle[1].

Il devait d'ailleurs y être encouragé par la voie où celle-ci était engagée et qui semblait la conduire à l'orientation nouvelle qu'il avait toujours voulu lui faire prendre. Après être restée bien au-dessous des espérances et des craintes qu'elle avait excitées, l'al-

1. Schreiber, *Maximilian I der Katholische*.

liance anglo-française avait dégénéré d'exigence en exigence, de mécompte en mécompte en une hostilité déclarée, aggravée par un nouveau soulèvement protestant. Par une oscillation inévitable, cette nouvelle situation avait amené un rapprochement avec l'Espagne. On pouvait croire que la France ne distinguerait pas entre les protestants qu'elle combattait chez elle et ceux qu'elle soutenait au dehors, que son animosité contre les premiers la rendrait tout au moins indifférente au sort des seconds. Il n'en fut rien, on le sait. Si Richelieu avait pu oublier combien il avait besoin des adversaires protestants de la maison d'Autriche, l'Espagne, par ses prétentions sur la succession de Mantoue, le lui aurait rappelé. Loin de renoncer à se servir de ces alliés, il allait, en poursuivant sa tentative de médiation entre le Danemark et la ligue catholique, en cherchant à lier cette dernière à sa politique, donner un successeur à Christian IV dans la lutte où il succombait et fournir par là au protestantisme abattu l'occasion d'une éclatante revanche.

Richelieu et le Père Joseph n'avaient pas attendu jusque-là pour reconnaître en Gustave-Adolphe le chef le mieux désigné de la coalition protestante[1]. L'arrivée de Charnacé au camp de la Rochelle les confirma dans cette opinion et les décida à ménager au roi de Suède le moyen de relever le drapeau que la main défaillante du roi de Danemark laissait échapper.

Profondément affligé de la mort de sa femme, Hercule Girard, baron de Charnacé, avait cherché dans les voyages une diversion à sa douleur. Après avoir visité l'Égypte, l'Arabie, la Terre Sainte, la Syrie, la Grèce, il reprit le chemin de son pays et s'arrêta sur sa route en Pologne et en Allemagne. Diplomate et soldat, également curieux des secrets de la politique et de ceux de la guerre, il ne manqua pas, une fois en Pologne, d'aller visiter dans leurs camps Gustave-Adolphe et Sigismond. Sa qualité et son mérite lui procurèrent aussitôt la confiance de ces deux princes et il put constater chez tous deux la même lassitude de la guerre, le même désir de provoquer la médiation de la France; chez le premier il reconnut, en outre, celui d'obtenir notre alliance[2]. Il fut frappé aussi des grandes qualités du roi de Suède, du parti que notre pays

1. Sur les premières relations diplomatiques de la France et de Gustave-Adolphe, voy. Moser, *Patriot. Archiv.*, V, VI.
2. Ranke, *Franz. Geschichte*.

pourrait en tirer. De retour dans sa patrie, il se rendit au camp de la Rochelle. Il y était attiré par l'intérêt d'un siège qui fixait les yeux de tous les hommes de guerre aussi bien que des politiques et par le désir de faire part au cardinal des dispositions de Gustave et de ses observations personnelles. Présenté par le comte de Charost à Richelieu et au Père Joseph, il leur tint un langage un peu différent; il entretint longuement le second de la situation de l'empire ottoman, de ses points vulnérables, des chances d'avenir des missions et insista beaucoup sur le danger qu'une guerre avec la Suède faisait courir à la Pologne et qu'une agression toujours imminente des Turcs pouvait infiniment aggraver. Mais il ne se contenta pas de satisfaire l'intérêt du Père Joseph pour l'évangélisation de l'Orient, pour la conquête des lieux saints, pour la conservation d'un État qui était considéré comme le boulevard de la Chrétienté, il lui fit valoir aussi les calculs politiques qu'il fondait et que la France pouvait fonder sur Gustave-Adolphe. Le Père Joseph fut également sensible à ces deux ordres de considérations. La clairvoyance des Impériaux n'était pas en défaut quand elle lui attribuait la plus grande part dans la résolution de tirer Gustave de sa guerre obscure de Pologne pour ouvrir à son ambition une carrière plus digne de lui et plus profitable à la France.

Cette tâche fut confiée à celui dont l'expérience et les avis avaient éclairé et décidé Richelieu. En même temps qu'il allait rechercher pour son pays la gloire de mettre un terme à la guerre de la succession de Suède, Charnacé devait renouer les fils de la négociation entamée par Marcheville, travailler à une pacification garantie par les deux partis, catholique et évangélique, battre en brèche la candidature du roi de Hongrie.

Si le Père Joseph a accueilli et soutenu l'idée d'aller chercher « jusque sous le pôle, » selon l'expression de Voiture, un nouvel adversaire à la maison d'Autriche, on le trouve bien plus encore dans le système de balance que la France allait pendant longtemps essayer d'établir en Allemagne. Quand il dictait pour Charnacé les instructions du 25 janvier 1629, il n'était pas seulement l'interprète de la pensée de Richelieu, il exprimait les vues, les desseins dont il avait eu l'initiative et que Richelieu avait faits siens. Ces instructions, où la netteté se concilie avec une grande latitude laissée au négociateur, assignent pour but à la mission de celui-ci une double médiation : médiation entre la ligue catholique et le Danemark, médiation entre la Suède et la Pologne. Si l'électeur de Bavière se refuse à faire connaître les conditions auxquelles il est disposé à traiter avec Christian IV, Charnacé lui communiquera celles que son gouvernement juge équitables. Il lui fera valoir la reconnaissance de sa dignité électorale par la France, telle qu'elle résulte du titre d'électeur que notre pays lui donne pour la première fois. Il l'exhortera à faire ajourner l'élection d'un roi des Romains, à se faire le défenseur des droits du collège électoral, le restaurateur de la vieille constitution germanique, à briguer pour lui-même la couronne impériale. Il fera accepter au roi de Danemark les conditions convenues avec Maximilien, lui promettra un subside au cas où l'empereur refuserait de lui accorder la paix et lui procurera l'appui des villes hanséatiques. Quant à la seconde partie de sa tâche, c'est-à-dire à la médiation entre la Suède et la Pologne, indépendamment des avantages directs que nous en attendions, Charnacé devait la faire servir à nous acquérir la reconnaissance de l'électeur de Brandebourg, victime de la guerre, intéressé à la voir cesser et dont, pour cette raison, il devait suivre les avis dans cette délicate négociation. *Enfin il fallait obtenir de Christian IV et de Gustave*-Adolphe l'oubli de leur ancienne rivalité et les unir pour la défense de la Baltique et des détroits[1].

Charnacé ne put faire sortir Maximilien de l'attitude dilatoire qu'il avait gardée avec Marcheville. Ce prince déclara qu'il ne se croyait pas autorisé à prendre, sans l'aveu de ses confédérés, l'initiative de propositions de paix et, quand, de guerre lasse, notre agent lui montra celles de son gouvernement, il n'y fit aucune objection et promit de les soumettre à l'assemblée de la ligue catholique en ce moment réunie à Heidelberg. Il se montra, au contraire, très explicite au sujet de la candidature du roi de Hongrie et de la neutralité de la ligue catholique dans le cas d'une agression de l'empereur contre la France ; il déclara que, la paix *une fois signée entre l'empereur et le Danemark*, les électeurs

1. Instruction et dépêche baillée à M. de Charnacé allant en Allemagne, du 25 janv. 1629, à Troyes (Arch. des aff. étrang., Allemagne) ; Avenel, VII, 975, VIII, 208 ; Diaire du P. Joseph aux dates des 21, 23 et 24 janvier 1629 ; Lepré-Balain ; Siri, VII, 156-161.

étaient résolus à imposer à Ferdinand un désarmement et à ne procéder auparavant à aucune élection et il promit la neutralité de la ligue. Il fut convenu que son ambassadeur aux conférences de Lubeck porterait à Charnacé la réponse de ses confédérés aux propositions de la France[1].

Charnacé n'apportait à Christian, au nom de la ligue, aucun engagement; la médiation qu'il venait tenter semblait dès lors crouler par la base. Pourtant il n'en jugea pas ainsi; la neutralité qu'il n'avait pas obtenue du chef des catholiques allemands, peut-être pourrait-il l'obtenir du roi de Danemark et devenir ainsi plus fort pour reprendre la négociation avec le premier. Il pressa donc le roi de conclure la paix avec Maximilien et ses confédérés et de présenter aux Impériaux un ultimatum, promettant qu'au cas où cet ultimatum serait repoussé, la France lui paierait un subside annuel de 50,000 écus et emploierait son influence auprès de Gustave-Adolphe pour déterminer ce prince à le secourir. Il chercha à lui démontrer l'intérêt qu'il y avait à séparer l'Autriche de ses alliés pour la combattre toute seule, à s'entendre avec la ligue et avec la France pour empêcher l'empereur de se donner le rôle de défenseur de la religion; il lui montra que le but des Habsbourgs était la domination de la Baltique. Ces considérations, qui n'apprenaient rien à celui à qui elles s'adressaient, ne pouvaient balancer les conditions extrêmement modérées que lui faisait Waldstein. Il refusa donc de se laisser entraîner dans la voie hasardée où on essayait de le conduire. Charnacé ne se tint pas pour battu. Le 1er mai, il soumit au roi un projet de paix qui jette un jour curieux sur la façon dont la France croyait pouvoir concilier des intérêts politiques et religieux qui n'étaient pas les siens et qu'elle envisageait uniquement avec le désir de gagner la reconnaissance des parties et de sauvegarder le catholicisme. Aux termes de ce projet, Christian reconnaissait les décisions des électeurs et des diètes qui avaient transféré au duc de Bavière la dignité électorale. Les pays occupés par la ligue étaient restitués au Danemark et à ses alliés. Le roi payait une indemnité de guerre et promettait de tolérer à perpétuité dans ces pays le libre exercice du catholicisme. Les évêchés et les autres bénéfices ecclésiastiques qui en faisaient partie pouvaient être rendus aux titulaires

1. *Mém. de Richelieu*, II, 65-66; Siri, VII, 153-154.

protestants institués en conformité de la loi du royaume, mais, si le maintien de ces titulaires était de nature à inspirer des craintes pour la liberté religieuse, ils garderaient seulement le titre d'administrateurs et la moitié des revenus, et l'autre moitié serait attribuée à des évêques catholiques nommés par l'accord des deux parties. L'exécution du traité de paix et spécialement des mesures prises en faveur de la religion catholique était placée sous la surveillance de l'électeur de Bavière, qui conserverait à cet effet une des places qu'il occupait actuellement. Ces conditions ne furent pas acceptées par Christian qui dans le même temps, ainsi qu'on l'a dit, en obtenait de plus avantageuses de l'empereur. D'ailleurs, au mois de juin, le gouvernement français, convaincu de l'impossibilité de faire conclure entre le Danemark et la ligue un traité particulier, envoya à son représentant des instructions nouvelles : Charnacé ne devait plus s'attacher à ce but, mais se contenter d'une promesse verbale de neutralité et pousser Christian à la continuation de la guerre contre l'empereur. Mais il eut beau concentrer ses efforts sur ce seul point, ils n'en furent pas moins impuissants et la paix fut signée le 22 mai 1629[1]. Il ne lui restait qu'à chercher auprès de Gustave-Adolphe la compensation de l'échec qu'il avait essuyé à Copenhague; quant à la Bavière, on verra que, si elle avait refusé de prendre, dans des négociations avec un ennemi public de l'Empire et de l'empereur, une situation à part, elle ne devait pas reculer toujours devant des engagements secrets avec la France.

Ainsi la médiation du roi avait été stérile; l'espoir d'arriver par elle à un concert et à une action commune avec la ligue catholique, puis enfin au rôle d'arbitre dans les affaires allemandes avait été frustré. C'était un échec et ce n'était pas le seul que Richelieu eût essuyé. Une guerre étrangère et une guerre civile, voilà ce qu'avait enfanté l'alliance anglaise. Le traité de Monçon était un succès plus apparent que réel et ce succès était payé cher par les rancunes et la désaffection de nos alliés. Ajoutez qu'à partir de 1628 l'unité morale qui présidait au gouvernement et dirigeait la volonté flottante de Louis XIII est rompue. Richelieu aura désormais auprès du roi, dans la personne de la reine mère,

1. Fridericia, *Danmarks ydre politiske Historie i Tiden fra Freden i Lybek til Freden i Prag*. Copenhague, 1876.

au lieu d'un soutien dévoué, une ennemie intime qui, entourée d'ambitieux déçus, de dévots chimériques et enfiélés, poursuivra sa ruine avec la passion, l'aigreur, les crises nerveuses d'une bourgeoise sur le retour. Heureusement les déceptions et les difficultés que nous venons d'énumérer ne suffisent pas à caractériser la situation à l'époque où nous sommes parvenu, elles n'en forment même pas le trait dominant. De 1624 à 1629 d'autres événements s'étaient accomplis, que la nécessité de suivre sans interruption le développement de la politique française en Allemagne nous a fait négliger, mais dont le moment est venu de signaler l'influence. Durant cette période, Richelieu avait commencé par forcer les Anglais, descendus dans l'île de Ré, à se rembarquer précipitamment en laissant beaucoup des leurs sur la place. Il avait mis ensuite le siège devant la Rochelle. Pendant qu'il l'assiégeait, l'Espagne avait essayé de dépouiller le duc de Nevers de l'héritage qu'il avait légitimement acquis en Italie. Richelieu ne s'était pas laissé distraire de son entreprise par cet événement, il avait vaincu la résistance des éléments, la constance des assiégés, la lassitude du roi, la mauvaise volonté des grands. Vainqueur de la Rochelle, il était accouru en Savoie, avait forcé en hiver le pas de Suse, fait lever le siège de Casal et reconquis en Italie pour son pays le prestige que le traité de Monçon lui avait fait perdre[1]. Ce n'était pas seulement en Italie que le roi très chrétien apparaissait, à la suite de ces deux coups d'éclat, comme le protecteur le plus puissant des intérêts menacés par la maison d'Autriche[2]. Certes l'Europe n'avait pas attendu jusque-là pour reconnaître que, depuis 1624, la France obéissait à une intelligence aussi nette qu'étendue, à une volonté sachant également s'imposer des ajournements et pousser à bout la fortune, mais maintenant elle assignait à notre pays un rôle plus décisif encore dans la crise qui, plus encore que des religions, mettait aux prises des nationalités rivales. Chose curieuse, en même temps que la réduction de la Rochelle était célébrée comme un triomphe par l'Europe catholique, elle ne refroidissait pas la confiance, l'élan qui poussaient vers la France une partie de l'Europe protestante. La façon magis-

1. Voy. *Le Père Joseph et Richelieu : la déchéance politique et religieuse du protestantisme et la première campagne d'Italie.*
2. *Mém. de Richelieu*, II, 12; *Mém. de Fontenay-Mareuil*, 199, col. 2.

trale dont Richelieu venait de frapper l'imagination européenne contribua au double succès diplomatique qu'il allait obtenir dans ses rapports avec l'une et avec l'autre[1].

Il faut l'avouer toutefois, la France en fut plus encore redevable à des événements auxquels son gouvernement était resté étranger.

La paix de Lubeck semblait promettre à l'Allemagne le repos. En réalité elle ne terminait rien que pour le roi de Danemark. Les revendications du catholicisme restaient les mêmes ou plutôt elles devenaient, à la suite de son triomphe, plus impérieuses et plus pressantes. Loin de les modérer, Ferdinand II allait les autoriser et leur ouvrir une vaste carrière. Le 6 mars 1629, il rendit l'édit de restitution qui rétablissait le clergé catholique et l'exercice exclusif du catholicisme dans les évêchés et les bénéfices dont ils avaient été dépossédés depuis la paix de Passau. Cette mesure, réclamée par l'opinion catholique comme un retour à la stricte application de la paix de religion, comme la réparation des sécularisations opérées en violation de la réserve ecclésiastique, atteignait donc à la fois les consciences et les intérêts, c'était la proscription d'un culte en même temps que l'expropriation d'une masse d'usufruitiers qui pouvaient se croire protégés par la prescription.

En s'aliénant par l'édit de restitution l'Allemagne protestante, l'empereur ne réussissait pas pour cela à sauvegarder son union avec l'Allemagne catholique. La mesure même qu'elle avait demandée et qu'il avait prise donnait lieu par son application à des désillusions, à des mécontentements. Mais surtout le désaccord était profond sur deux questions qui se ramenaient l'une à l'autre. La ligue catholique voulait la paix et le désarmement. Il ne serait pas complètement exact de dire que Ferdinand voulut le maintien de l'organisation militaire et la guerre extérieure, mais Waldstein et l'Espagne les voulaient pour lui. Il ne dépendait pas de lui, quand même il en aurait eu la ferme et sincère intention, de dissoudre ni même de réduire l'organisme parasite qui aspirait toute la sève du corps social alangui et le seul moyen d'alléger les maux que l'armée de Waldstein faisait subir à l'Allemagne paraissait être de l'employer au dehors. N'était-elle pas d'ailleurs nécessaire pour défendre la suzeraineté impériale dans la haute Italie, faire tête à une invasion française et au besoin la prévenir, repousser les

1. *Mém. de Richelieu*, II, 99.

Hollandais, maîtres de Bois-le-Duc et de Wesel, refouler le roi de Suède dans sa froide patrie, monopoliser le commerce de la Baltique et de la mer du Nord, poursuivre enfin ce rêve de monarchie universelle qu'on ne perdait pas de vue à Madrid, si l'on était parfois tenté de l'oublier à Vienne? Dans toutes ces entreprises, l'Allemagne catholique ne voyait, elle, que l'or de ses cités florissantes, que sa laborieuse population s'écoulant dans l'abîme sans fond de la politique de famille, que la constitution germanique faussée et remplacée par une monarchie unitaire et absolue. Au moment de la paix de Lubeck, les abus commis par Waldstein dans l'exercice de l'autorité discrétionnaire que l'empereur lui laissait, étaient devenus intolérables, une clameur universelle, où se confondaient la voix des protestants et celle des catholiques, demandait justice. Dans des assemblées successives, à Mulhausen, à Bingen, *tout récemment* à Heidelberg, ceux-ci avaient recherché les moyens de l'obtenir, décidé l'envoi de députés à Vienne et, n'arrivant à rien, envisagé, adopté l'idée de la résistance; un conflit entre l'armée impériale et l'armée de la ligue paraissait imminent.

Cet aperçu suffit pour faire comprendre l'autorité acquise subitement par la France auprès des protestants terrorisés, des catholiques inquiets et le succès de cette idée de neutralité naguère repoussée par les uns et par les autres. Ce même Maximilien, qui éludait l'offre de partager publiquement avec la France l'arbitrage des affaires allemandes, acceptait en secret le double principe d'une alliance défensive avec le roi et d'une neutralité avec les alliés du Palatin et, chose digne de remarque, il le faisait sous les auspices du Saint-Siège, indice significatif de la terreur générale inspirée par la maison d'Autriche. Trois mois plus tard, Charnacé ménageait une trêve de six ans entre les rois de Suède et de Pologne, une entente entre le premier et l'électeur de Brandebourg et obtenait de celui-ci la promesse de donner sa voix au duc de Bavière moyennant l'abandon du bas Palatinat au Palatin, le maintien de la situation faite à la religion évangélique par les concordats, l'évacuation de la marche de Brandebourg par les troupes catholiques. Enfin, au commencement de l'année suivante, il concluait avec le roi de Suède, impatient de profiter contre l'Autriche de la liberté d'action que la trêve d'Altmark venait de lui donner, un traité d'alliance qui stipulait la neutralité du duc de Bavière et de la ligue et le maintien de la religion catholique partout où elle était pratiquée.

C'est sur ce double succès diplomatique que doit se clore cette étude. Nous ne pourrions, sans en compromettre l'unité, exposer ni ceux, plus grands encore, que la diète de Ratisbonne et la seconde campagne d'Italie réservaient à la France ni encore moins l'avortement final de la conception maîtresse qui dirigea pendant si longtemps la politique française. Il ne nous reste qu'à définir l'esprit d'où procède cette conception.

Richelieu et le Père Joseph représentèrent au pouvoir les deux doctrines qui ont constitué la conscience nationale et éclairé la route sur laquelle, malgré bien des défaillances et bien des écarts, la France n'a cessé de s'avancer, jusqu'au jour où elle a égaré sa destinée dans une impasse, qu'elle a prise pour un raccourci : la doctrine de l'hégémonie morale, de la primauté chrétienne qui avait fait d'elle la fille aînée de l'Église, l'inspiratrice et l'âme des croisades; la doctrine des frontières naturelles, de l'extension territoriale absorbant ces pays limitrophes, ces populations sans caractère ethnographique et sans avenir arrêtés, qui ne se rattachaient à l'Empire que par un lien idéal. Tous deux n'étaient pas pénétrés au même degré de ces deux doctrines : chez le capucin dominait le souvenir et le rêve d'une république chrétienne dont la France avait été, dont elle redeviendrait le centre ; pour le cardinal, cette prépondérance morale était, pour ainsi dire, un capital qui devait être hypothéqué sur de bonnes terres, morceaux détachés de notre ancien patrimoine. Mais ces préférences ne les empêchaient pas de chercher dans ces deux théories l'inspiration de leur politique. Ni l'une ni l'autre d'ailleurs, dans la période qui nous a occupé, n'osa se produire ouvertement. Cela se comprend. La France que Richelieu a reçue des mains débiles de ses prédécesseurs n'a ni l'unité morale ni l'unité politique qui auraient permis d'entreprendre ni même d'avouer de si grands desseins. Les protestants et les grands y épient, la main sur la garde de leur épée, toutes les défaillances du pouvoir ; l'autorité centrale y est paralysée par les organes destinés à la servir ; l'opinion est déroutée et divisée sur l'attitude à prendre dans la crise européenne. La ligue ennemie se resserre et semble par deux fois, en 1627, en 1629, poser les avant-postes d'une invasion, la France est réduite à la défensive. Les deux doctrines qui la poussent vers la recherche de ses limites naturelles et l'établissement de son ascendant en Europe se reflètent toutefois pour un œil attentif dans le courant souvent troublé des événements. La première perce par l'ambition avouée d'acquérir des places, portes pour entrer dans les pays voisins, jalons de la frontière rêvée. La seconde se trahit par des efforts répétés pour disputer à la maison d'Autriche la direction de l'opinion et des forces catholiques. Naturellement, pour la supplanter dans cette direction, la France invoque des principes différents de ceux de sa rivale. Elle se fait auprès des princes protestants et catholiques, dont elle cultive ou recherche l'alliance, l'avocat de la tolérance qu'elle pratique chez elle ; elle cherche à les convaincre des avantages de la neutralité, à les rapprocher par la crainte d'une puissance envahissante qui, après avoir écrasé les premiers, menace les seconds ; elle parle beaucoup de pacification, elle aspire à se faire offrir le rôle de médiatrice. En réalité, dans sa lutte inégale contre la maison d'Autriche, elle fait arme de tout, mais le principal dessein qu'elle poursuit, c'est d'associer à sa médiation la ligue catholique, de la lier par là à sa politique en la détachant de l'empereur, isolé entre les deux partis qui divisent l'Allemagne. Et, en le faisant, ce n'est pas seulement à un calcul politique qu'elle obéit, comme dans ses rapports avec les protestants, c'est à une naturelle sympathie, c'est à une tradition qui remonte aux premiers siècles de son histoire, qui a fait sa gloire au moyen âge et qu'elle ambitionne de faire revivre.

Nogent-le-Rotrou, imprimerie Daupeley-Gouverneur.

www.ingramcontent.com/pod-product-compliance
Ingram Content Group UK Ltd.
Pitfield, Milton Keynes, MK11 3LW, UK
UKHW012115240726
13965UKWH00004B/1781